# LETTRE

AUX

# CONSEILS GÉNÉRAUX

PARIS, IMP, DE DUBUISSON ET Cᵉ, RUE COQ-HÉRON, 5.

# LETTRE

## AUX

# CONSEILS GÉNÉRAUX

### PAR

### M. LE COMTE D'HAUSSONVILLE

> Nous n'usons pas des libertés que
> nous avons.          GUIZOT.

Extrait du COURRIER DU DIMANCHE du 28 Août 1859

## PARIS

### LIBRAIRIE DE E. DENTU

Palais-Royal, Galerie Vitrée, 13.

### 1859

# LETTRE



# CONSEILS GÉNÉRAUX

> Nous n'usons pas des libertés que
> nous avons.
> GUIZOT.

Une grave question occupe depuis longtemps beaucoup de consciencieux esprits. Maintenant que nous sommes, grâces à Dieu, en paix avec l'Europe entière; maintenant qu'une large mesure d'amnistie vient d'inaugurer une ère d'apaisement et de réparation, cette question mérite, selon nous, d'être enfin tout de bon abordée et tranchée; la voici :

En matières politiques, moyennant beaucoup de modération et de réserve, est-il interdit, sous le régime actuel, de faire entendre au pays ce qu'on pense être la vérité ? Autrement dit, si l'on se conforme à l'esprit et à la lettre des lois existantes, si l'on garde envers l'Empereur et les fonctionnaires de l'Etat tous les égards que de droit, à parler des affaires publiques sans colère, sans passion, sans mauvais desseins, mais aussi sans faux compliments et sans menteuses restrictions, devient-on passible de la prison ? — Si, poussant même un peu plus avant, on osait soutenir qu'à l'heure où nous écrivons, après huit années d'une autorité exercée sans contestation, après deux guerres considérables heureusement terminées, le chef de l'Etat est aujourd'hui mal venu à refuser plus longtemps à la France les libertés que, dans le préambule de la Constitution, il a bien voulu lui promettre, deviendrait-on, à ce seul titre, après jugement sommaire du tribunal correctionnel, transportable à volonté? Il est utile, à notre sens, de s'en informer : il vaut la peine de le savoir. C'est pourquoi, dût notre naïveté étonner bien des gens, ou notre audace les scandaliser, nous essayerons, pour notre compte, d'éclaircir un peu ce doute incommode. L'audace, d'ailleurs, est-elle si grande et le danger est-il si terrible? Franchement, nous ne le pensons pas.

Voyons les choses de sang-froid; procédons posément, et gardons-nous surtout de toute exagération. Justement parce que nous sommes décidés à n'en user qu'avec mesure, il convient que nous établissions, avant tout, la nature des libertés dont l'usage nous est encore laissé. Plus restreint est devenu, de nos jours, le champ légal où la discussion est permise, plus il importe de le bien connaître. Dès qu'il existe, et si petit qu'il soit, ce terrain est notre propriété incontestable. Nous sommes tenus d'en étudier les limites, afin de ne les jamais dépasser ; mais dans ces limites dûment fixées, nous avons le droit de nous enfermer et de nous défendre, comme dans une forteresse inexpugnable.

I

Le gouvernement fondé en 1852 n'entend pas évidemment que l'on discute son origine ni son titre; en vérité, rien n'est plus naturel. C'est son droit, et personne n'y peut trouver à redire. Il n'est pas moins certain que l'organisation nouvelle donnée aux pouvoirs publics, l'obligation imposée au Sénat de tenir ses séances secrètes, et le règlement octroyé au Corps législatif, ont eu surtout pour but de couper court aux débats trop retentissants; et chacun connaît de reste les restrictions sévères qui pèsent sur les relations de la presse avec le public. Est-ce à dire, pourtant, que le chef de l'Etat ait voulu, de parti pris, fermer hermétiquement la bouche aux sénateurs, aux députés, aux écrivains et à tout le monde? Faut-il en conclure que le mutisme absolu et le silence universel ont été, en résumé, le but de son système et comme le beau idéal de sa politique? L'affirmer serait tomber dans un de ces emportements de langage que nous avons précisément à cœur d'éviter. Notre impression est d'ailleurs tout opposée. Nous sommes au contraire porté à nous imaginer que l'auteur de la Constitution, qui fonctionne aujourd'hui à si petit bruit, s'attendait à trouver, tout au moins dans une partie de ses rouages, un peu plus d'activité, de mouvement et de vie. Lui-même ne s'en est pas caché : « *Le Sénat a-t-il bien compris sa mission ?* » s'est un jour écrié le *Moniteur*, avec cette autorité qui n'appartient qu'à lui. Nous ne sommes pas officiellement informés, en France, de l'opinion de l'Empereur sur le Corps législatif ; mais on la connaît à l'étranger par cette réponse adressée, si nous ne nous trompons pas, à l'un des hommes d'Etat de l'Angleterre : « Pourquoi donnerai-je à ce pays plus de libertés ; il en a autant qu'il en souhaite ; et, comme vous le voyez, beaucoup plus que ses mandataires n'en veulent prendre. »

Peut-être ne serait-il pas impossible d'expliquer pourquoi le Sénat est assez excusable « *de n'avoir pas bien compris sa mission*, » et comment, s'ils n'ont pas encore saisi tout l'ascendant que la nation et l'Empereur leur auraient vu prendre avec satisfaction, nos députés sont, après tout, plus à plaindre qu'à blâmer. Mais l'honneur de ces corps, quoiqu'il nous touche, ne nous regarde pas. Ils n'ont de conseils à prendre que d'eux-mêmes. Simple écrivain, nous voulons surtout nous rendre compte de la situation faite à la presse. Cette situation est telle que l'opinion publique, laissée à elle-même, ne peut, à la longue, manquer de s'en préoccuper. Ce qu'on y remarque, à première vue, de plus singulier, c'est la différence prodigieuse qui existe entre le droit et le fait, entre la théorie et la pratique.

Théoriquement, la presse est libre. Dans la Constitution de 1852 il n'y a pas une ligne, dans les décrets organiques pas un mot, dans les articles si nombreux de

notre code pénal pas le plus petit alinéa qui, aux mains
du procureur impérial le plus zélé, puisse empêcher qui
que ce soit de surveiller curieusement et, si cela lui
convient, de critiquer paisiblement, dans un livre ou
dans une brochure, ou par un simple article de journal,
les actes du pouvoir exécutif. Ce droit est, au contraire,
formellement proclamé par la loi.

Les journaux étrangers, les feuilles anglaises, le *Ti-
mes* en particulier, se sont trompés en affirmant, à propos du procès intenté l'année dernière à M. de Montalembert, qu'en France la législation actuelle ne permet-
tait pas d'écrire un seul mot sur les affaires publiques.
Le décret du 11 août, appliqué par le tribunal correctionnel de Paris à M. de Montalembert, contient précisément la déclaration expresse que voici (art. 4) : « *La
présente disposition ne peut porter atteinte au droit
de discussion et de censure du pouvoir exécutif et des
ministres.* » Les juges d'appel ont fait mieux encore.
En diminuant la peine, ils ont affirmé de nouveau le
droit, protestant qu'ils n'en voulaient punir que l'abus.
Bien plus, ils ont proclamé M. de Montalembert coupable, justement parce qu'il avait signalé notre législation « *comme ne laissant la liberté de parler que par
ordre ou par permission* (1). »

Voici donc le droit de discussion mis de toute façon
hors de contestation. Les procureurs impériaux lui ren-
dent hommage dans leurs réquisitoires; les juges l'in-
voquent dans leurs arrêts; le *Moniteur* le proclame
dans ses colonnes : « *L'administration, on devrait le
savoir, n'a sur la presse aucune action préventive.* »
(*Moniteur* du 5 mai 1859). Mais voici en même temps
où l'embarras commence : ce que la législation autorise,
il se trouve que l'administration est maîtresse de l'em-

(1) « Considérant que dans ledit article on trouve des
attaques contre le respect dû aux lois et à l'inviolabilité
des droits qu'elles ont consacrée, notamment aux pages
215 et 252, où notre législation est représentée comme
ne laissant la liberté de parler que par ordre, etc... »
(Jugement de la Cour impériale, 21 décembre 1858.)

pêcher. En effet, le décret organique de février 1852, et la loi sur l'imprimerie ont remis aux mains du Ministre de l'Intérieur et des préfets, ses agents, un pouvoir illimité sur les directeurs des journaux et sur les imprimeurs. Ainsi, tandis que pour mon compte, en ce qui me concerne personnellement, je suis libre d'écrire ce que je veux, le directeur du journal qui aura inséré mon article peut, au contraire, être averti, son journal peut être suspendu, ou même, à cause de mon article, supprimé sans aucune espèce d'avertissement. L'imprimeur, qui aura imprimé mon livre ou ma brochure peut, à propos de mon livre ou de ma brochure, se voir retirer son brevet. De là cette singularité : en ma qualité d'auteur travaillant paisiblement au fond de mon cabinet, je ne relève que des tribunaux, et les lois n'étant un mystère pour personne, c'est à moi de les étudier avec patience et de m'y conformer avec sagesse. Mais, du moment où sortant de ma retraite je vais, afin de faire arriver mes opinions jusqu'au public, trouver le directeur d'un journal ou d'une imprimerie, ma condition change aussitôt. De l'empire de la loi, je passe sous le joug de l'administration, non pas de l'administration représentée directement par le ministre de l'intérieur ou par les préfets, ses agents, mais par le propriétaire du journal ou de l'imprimerie auquel je me suis adressé. Je ne dépends plus de la loi et du magistrat qui l'applique, je ne dépends même plus du ministre ou de ses agents, je dépends exclusivement d'une tierce personne qui n'est ni juge ni fonctionnaire de l'Etat, et qui devient tout à coup mon maître en dernier ressort.

Tant pis pour moi, si ce maître nouveau s'exagère la portée du décret de février 1852 ; et si, par hasard, il venait à céder à des appréhensions mal fondées, combien ma pauvre liberté n'aurait-elle pas alors à en souffrir ! Voyons donc vite, car là gît toute la difficulté, quelles sont, à l'égard de la presse, les véritables intentions du pouvoir actuel.

Ces intentions, si importantes à connaître, résultent clairement de deux documents officiels contre-signés, l'un par M. de Maupas, ministre de la police, en mars 1852 ; l'autre par le garde des sceaux, M. Abattucci, et

1

qui sont, à vrai dire, le commentaire du décret de février 1852. Grâce à Dieu, le commentaire est, cette fois, beaucoup moins sévère que le texte : « *La suppression d'une revue ou d'un journal par voie de décret*, écrit M. de Maupas aux préfets de France, *est une mesure extrême qui ne devra être provoquée que bien rarement, et lorsque les autres moyens d'action seront devenus impuissants. C'est surtout dans les circonstances où il y aurait péril imminent pour la sûreté publique et danger à différer une décision, que le chef de l'État, protecteur des intérêts sociaux, se verra dans l'obligation d'user du droit considérable, mais nécessaire, que le décret organique lui réserve.* (Circulaire de M. de Maupas du mois de mars 1852.) Ces paroles du chef de la police impériale sont déjà par elles-mêmes assez rassurantes ; celles du chef de la magistrature le sont bien plus encore. M. Abattucci ne se contente pas d'expliquer, pour les atténuer, les dispositions les plus sévères du décret ; il va au devant des interprétations erronées, et s'efforce de calmer les inquiétudes conçues à la légère. « *La discussion loyale des actes du pouvoir, l'examen consciencieux des matières soumises à l'élaboration politique du Corps législatif, seront toujours acceptés par le gouvernement qui doit vouloir, et qui* VEUT, *en effet, être éclairé.* » (Circulaire de M. le Ministre de la Justice à MM. les procureurs généraux, 27 mars 1852.)

Arrêtons-nous ici un moment. Ou les mots de la langue n'ont plus de sens, ou le texte des lois est sans autorité, ou les paroles des dépositaires du pouvoir ne comptent pas ; ou bien, il ressort des citations textuelles, rapportées ci-dessus, qu'il m'est légalement permis de discuter les actes du gouvernement. Certes, ma situation comme écrivain n'est plus ce qu'elle était naguère, avant 1852. Je ne relevais alors que du jury ; entre le gouvernement et moi, c'étaient mes propres concitoyens qui prononçaient. Aujourd'hui, je relève du tribunal correctionnel ; et l'administration prononce elle-même, le plus souvent, dans sa propre cause. Mon droit est bien plus précaire, et sa garantie à peu près illusoire. Je me garderai bien, toutefois, de désespérer entièrement ; pour-

quoi faire à la justice l'injure de douter de son impar-
tialité, et à l'administration le tort de mettre en suspi-
cion sa bonne foi ? Quand la cause est si bonne, le courage est aisé.

Qu'importe si, dans cette lutte inégale, nous sommes
réduits aux armes émoussées qui restent seules entre
nos mains ; la lutte en sera plus longue, l'issue n'en est
pas moins certaine. Dans les efforts généreux qui ont
l'affranchissement pour but, l'essentiel est de combattre
toujours et de ne se lasser jamais. Il n'est pas honteux
pour une nation de n'être pas arrivée du premier coup
au complet développement de toutes les libertés : sa ré-
putation (nous voudrions dire aussi son bonheur) n'ont
point à souffrir si, après avoir fait en avant quelques
pas trop précipités, elle est ensuite obligée d'en faire
beaucoup d'autres en arrière. Pour les peuples, comme
pour les individus, il y a des destinées tourmentées,
qu'un orgueil bien placé ne voudrait pas échanger contre des conditions d'existence plus unies et plus simples.
Partout où la liberté a fini par triompher, elle n'a pas
triomphé sans épreuves, sans temps d'arrêt, sans combats, pendant lesquels elle a été d'abord vaincue, puis
victorieuse. Que de fois l'Angleterre, la fière Angleterre
a-t-elle mis elle-même la main sur les franchises natio-
nales dont elle jouit aujourd'hui avec le sentiment d'une
si profonde sécurité ! Combien de fois sur ce sol aujour-
d'hui si pleinement affranchi, *l'Habeas corpus* n'a-t-il
pas été provisoirement suspendu, et la presse momentanément muselée ; que de procès intentés par des princes
ombrageux pour de soi-disant crimes d'Etat ; que de
condamnations sévères pour ne pas dire iniques, pro-
noncées, par des juges intimidés ou vendus ! Oui, tout
cela a eu lieu autrefois en Angleterre ; l'Angleterre le
sait et ne s'en croit pas déshonorée. Ce qui est désho-
norant pour les peuples comme pour les individus, c'est
de se payer de mots et de se laisser jouer par les appa-
rences. Ce qui est indigne d'une race noble et éclairée,
c'est de fermer les yeux pour ne pas voir, et de se bou-
cher les oreilles pour ne pas entendre ; c'est de vouloir
ignorer, quoi qu'il arrive, ce qu'il lui déplaît de savoir ;
c'est d'être non-seulement dupe, mais complice contre

elle-même. Malheur à la génération égoïste et frivole, qui, dégoûtée de toutes les idées généreuses, incapable de toute action énergique, donnerait, dans un accès de coupable indifférence, sa démission de la vie publique, et renoncerait à faire elle-même, de ses propres mains, sa propre destinée !

Plusieurs nationalités se sont réveillées de nos jours, qui dormaient depuis des siècles d'un abrutissant sommeil. Aucune d'elles, si faible qu'elle fût, ne s'est mal trouvée, que nous sachions, d'avoir eu assez de confiance en elle-même pour revendiquer la liberté. Chose étrange ! la France n'a jamais failli à les assister dans cette glorieuse entreprise ; et souvent on l'a vue, dans son infatigable ardeur, moins soucieuse de son sort que de celui des autres peuples. Grâce à notre intervention, la Grèce a, sous la Restauration, été dotée de l'ensemble complet de ces institutions représentatives dont les derniers ministres de Charles X refusaient, presque au même moment, d'accepter à Paris les légitimes conséquences.

Le gouvernement du roi Louis-Philippe a, de son mieux, tant qu'il a duré, aidé les Belges, les Portugais et les Espagnols à conquérir et à garder chez eux le régime parlementaire qu'il a, chez nous, laissé, un beau matin, échapper de ses mains. Certes, il faut que ce rôle d'apôtres libéraux et d'initiateurs constitutionnels soit bien conforme à notre caractère national, car nous n'avons jamais cessé de le remplir, même après 1852. Plus qu'aucune des puissances qui ont fait la guerre d'Orient, le cabinet français a pris au sérieux l'indépendance des provinces Danubiennes. Dans le congrès de Paris, en 1857, c'est son représentant qui a livré les combats les plus obstinés en faveur des populations roumaines. Ministre irresponsable d'un maître qui ne relève lui-même que du peuple, le comte Walewski a pu justement revendiquer, par sa circulaire du 20 août 1858, l'honneur d'avoir, plus qu'aucun de ses collègues, contribué à faire inscrire, comme une efficace garantie, dans la constitution moldo-valaque, *la responsabilité des ministres,* qui ne figure pas, on le sait, dans la nôtre. C'est encore le présent gouvernement qui, le premier, s'est ému au cri de douleur de l'Italie. A ce cri, les Alpes ont été aussitôt franchies par 150,000 Français dont un grand nombre, hélas ! ne reverront plus jamais leur patrie ; à ce cri, l'Empereur a répondu par ces paroles affichées, le jour de son entrée, sur les murailles de Milan délivrée par nos armes : *Italiens, soyez aujourd'hui des soldats, et demain vous serez les citoyens d'un grand pays* (1).

Que d'autres reprochent à la France l'ardent enthousiasme jadis ressenti pour la cause de la Grèce, et l'assistance qu'aux jours de son complet épanouissement libéral elle a généreusement prêtée à la Belgique, à l'Espagne et au Portugal ! A Dieu ne plaise que j'insulte à mon pays, parce que, arrêté momentanément dans sa course par excès de fatigue ou de découragement, il n'en continue pas moins à guider encore les autres nations, à travers les voies difficiles mais glorieuses qu'il a eu le tort d'abandonner, vers le but magnifique dont, par malheur, on le dirait lui-même aujourd'hui si profondément dégoûté ! Me préserve le ciel de lui faire un crime de cette heureuse inconséquence ! Permis à qui voudra de jeter la pierre aux publicistes qui se sont trop engoués des Moldo-Valaques, et de railler ceux qui ressentent quelque compassion pour les malheureux habitants de la Lombardie ou les sujets opprimés du duc de Modène. Je ne saurais trouver de dédaigneuses paroles pour des sentiments que je comprends, que j'estime et que je partage. Je me garderai donc bien d'accuser qui que ce soit, parmi les hommes de ma génération, d'être trop bon Roumain ou trop bon Italien ; mais je demanderai simplement à quelques-uns d'entre eux s'ils sont bien sûrs d'être assez bons Français. Je ne croirai pas manquer à mes concitoyens en m'informant sérieusement si, toujours occupés de la condition politique de leurs voisins, ils ont juré de ne jamais songer à la leur ; et si, ayant tant fait pour les autres, ils ne voulaient point faire aussi quelque chose pour eux-mêmes. A ce métier de « soldats » dont parle la pro-

(1) Proclamation de l'Empereur aux Italiens. Milan, 1859.

clamation de Milan, nous avons déjà ramassé assez de gloire : après Magenta, après Solferino, le temps n'est-il pas venu d'y gagner enfin « la liberté? »

Cette précieuse liberté, montrée dans le lointain comme devant couronner un jour le sommet de notre édifice constitutionnel, à qui revient la mission de la demander aujourd'hui, et quels sont, parmi nous, ceux qui ont le droit de se lever les premiers pour demander au chef de l'Etat de tenir sa promesse? À coup sûr, il peut lui répugner justement d'accueillir les réclamations de ceux qui n'ont ni souhaité sa domination, ni concouru à l'établissement de sa dynastie. Qu'il se méfiât d'eux, il n'y aurait rien là de surprenant; et s'il les considérait comme mal venus à lui offrir leurs avis, ils auraient tort de s'en choquer; quoique, à vrai dire, il fût permis de s'autoriser du passé pour lui rappeler combien les gouvernements, qui se succèdent si rapidement en France, se trouvent mal souvent de trop dédaigner les conseils de leurs adversaires. Mais, grâce à Dieu, il y a des voix moins suspectes et beaucoup mieux autorisées qui, si elles voulaient parler, auraient grande chance, nous le croyons, de se faire écouter : nous voulons dire les conseils généraux.


II


Le gouvernement actuel a parfaitement reconnu aux conseils généraux le droit d'intervenir dans les objets d'intérêt national, lors même qu'ils ne sont pas directement soumis à leurs délibérations. La note insérée dans le *Moniteur* du 20 août 1852 est formelle à cet égard : « *Dans plusieurs questions d'intérêt national, la loi,* dit le *Moniteur, accorde aux conseils généraux le droit de donner leur avis et de formuler des vœux. (Moniteur* du 20 août, année 1852, page 1271.) Lors de la session qui suivit l'insertion de cette note officielle, 82 conseils généraux sur 86 répondirent avec empressement à cet appel du pouvoir. 43 d'entre eux, c'est-à-dire un peu plus de la moitié, se renfermant dans l'appréciation des faits accomplis, se contentèrent de consigner dans leurs procès-verbaux l'adhésion qu'ils donnaient à l'acte dictatorial du 2 décembre; 39, c'est-à-dire un peu moins de moitié, devançant l'avenir, n'hésitèrent point à demander, dans un intérêt de stabilité nationale, l'établissement d'un empire héréditaire. L'initiative prise par ces 39 conseils généraux ne parut contrarier en rien l'autorité supérieure. Elle ne leur reprocha, en aucune façon, de se mêler de ce qui ne les regardait point, parce qu'ils avaient manifesté le désir d'un si grand changement dans la constitution. Elle leur prêta même de bonne grâce la publicité des colonnes de son journal officiel. Toutes les délibérations des conseils généraux sur cet important sujet, pendant la session de 1852, sont tout du long reproduites dans le recueil analytique des vœux des conseils généraux que l'administration fait imprimer chaque année, et c'est là que chacun peut encore aujourd'hui les consulter.

Si notre faiblesse n'a pas trahi nos efforts, deux choses doivent maintenant ressortir clairement des pages qui précèdent, à savoir : 1º Notre droit de discuter les actes du pouvoir ; 2º le droit pour les conseils généraux d'exprimer librement les vœux politiques qu'ils jugent conformes aux intérêts nationaux du pays. Ces droits sont positifs, formels, et tous deux sont également reconnus par le gouvernement. Ceci bien établi, notre rôle devient aisé, et notre voie est pour ainsi dire toute tracée. A nous la tâche modeste d'éclairer, par une discussion loyale des actes du pouvoir, la conscience des conseils généraux, et si nous réussissons à démontrer, comme nous l'espérons, que les erreurs commises, ou les mécomptes éprouvés, sont peut-être moins imputables au dépositaire actuel de l'autorité souveraine qu'aux vices mêmes du système, c'est aux mandataires de nos départements qu'il appartiendra de tirer de nos prémisses les conclusions qu'elles comportent. Qu'ils se rassurent, d'ailleurs, et qu'ils ne se figurent pas que nous voulons nous lancer dans les théories abstraites, ou dresser contre le gouvernement un acte d'accusation générale; notre dessein est tout autre. Nous n'avons nulle envie de nous ériger en professeur de droit constitutionnel, et de faire au pays des leçons qu'il aurait encore moins le goût d'écouter. Nous voulons nous en tenir aux faits ; nous ne prétendons en appeler qu'au bon sens. Notre critique sera même volontairement restreinte. Nous ne parlerons que de nos relations extérieures. Dans les événements du dehors, nous choisirons les plus récents, ceux qui sont présents au souvenir de tout le monde. Notre intention bien arrêtée est de nous occuper uniquement des incidents qui ont amené la guerre, des complications qui l'ont accompagnée, et de la paix qui l'a terminée. Si, par notre simple narré, si, par la franche exposition de ce qui s'est passé, et par l'appréciation toute pratique des résultats obtenus, nous arrivons à faire comprendre à quelques-uns de nos conseillers généraux des départements comment les présentes institutions resteront forcément imparfaites, tant qu'elles n'auront pas reçu le couronnement annoncé ; s'il nous est donné de les persuader que, pour mettre dans la direction des intérêts extérieurs « la stabilité » qu'ils ont jugée si nécessaire à notre sécurité intérieure, la France se fût bien trouvée, en ces derniers temps, d'avoir des chambres plus influentes, une presse plus libre, et des ministres responsables, ce sera leur devoir d'aviser ; et, dans leur sagesse, ils sauront bien recommander, à qui de droit, les modifications qui leur sembleront indispensables.

## III

Personne n'a souhaité en France la guerre qui vient de finir. Il y aurait quelque puérilité à n'attribuer la répugnance instinctive des générations modernes pour les terribles expédients de la force qu'à d'étroites et viles préoccupations. On n'a pas tout dit quand on affirme que notre siècle égoïste et cupide déteste la guerre parce qu'elle trouble son bien-être et le dérange dans le culte qu'il a voué aux intérêts matériels. Grâces à Dieu, ce n'est là que la moitié de la vérité ; et, n'en déplaise à ceux qui calomnient les temps où nous vivons, de plus nobles motifs ont aussi contribué à ces heureux progrès. Non-seulement la notion de l'équité et du droit est maintenant, plus que par le passé, appelée à jouer son rôle dans les rapports entre les gouvernements, mais la douceur des mœurs s'est, de nos jours, singulièrement accrue. Aux yeux de notre civilisation perfectionnée, la vie humaine est devenue de plus en plus sacrée ; et le respect qu'elle inspire a créé une sorte de conscience publique avec laquelle les plus puissants sont désormais obligés de compter.

Le chef de l'Etat ne jetait donc pas une pâture aux ardentes convoitises des faiseurs d'affaires, il s'efforçait de donner satisfaction à des sentiments honnêtes, lorsqu'à Bordeaux, se souvenant sans doute des causes qui avaient amené la chute du grand établissement militaire tombé en 1814, il s'écriait avec solennité : *L'Empire, c'est la paix*. Hélas ! nous savons maintenant, par expérience, ce qu'il faut en rabattre, des programmes trop ambitieux. Les événements se sont chargés de démontrer comment les souverains absolus, si sûrs qu'ils se croient d'eux-mêmes, sont parfois entraînés tantôt à faire la guerre plutôt qu'ils n'auraient pensé, tantôt à conclure la paix autrement qu'ils ne l'avaient annoncé. Nous ne ferons pas toutefois un crime au gouvernement d'avoir en cela subi la loi commune de l'humaine faiblesse. Nous ne chercherons même pas si la guerre d'Orient, et particulièrement notre expédition en Italie, ont été fatalement amenées par des nécessités auxquelles il était impossible de se dérober ; ou bien si l'Empereur a recherché et saisi cette occasion de se prévaloir aux yeux de l'Europe de la merveilleuse vaillance de nos admirables soldats. Que chacun décide cette question à son gré. Il en est une sur laquelle on sera, nous le croyons, facilement d'accord avec nous. Peut-être ne dépend-il pas toujours de ceux qui gouvernent les peuples de leur épargner entièrement les violentes secousses qu'impriment aux affaires les brusques revirements de la politique. Mais c'est à coup sûr leur devoir, un devoir étroit, positif et formel de n'aggraver jamais ces vicissitudes où se compromet parfois la fortune des Etats, et qui provoquent inévitablement tant de désastres particuliers.

Est-il besoin d'expliquer comment, avec le régime constitutionnel, rien de semblable ne serait à redouter ? Le premier effet du gouvernement parlementaire n'est-il pas de constituer près du pouvoir des surveillants attentifs qui ont le plus vif intérêt à contrôler tous ses actes et à percer à jour tous ses desseins ? Ce n'est pas seulement à leurs adversaires, c'est surtout à leurs partisans que des ministres responsables doivent compte d'une politique qui n'a chance de durer que par leur approbation. A quoi leur servirait le mystère ? Il leur faut, au contraire, la discussion pour combattre les opposants et pour gagner à leurs vues l'assentiment public. S'ils voulaient agir dans l'ombre, la presse libre n'est-elle pas là, d'ailleurs, pour dénoncer hautement leurs coupables manœuvres ? Ainsi la nation est toujours avertie. Mise sur ses gardes, elle ne peut être longtemps dupe ; elle ne saurait, en tous cas, s'en prendre qu'à elle-même de ses propres méprises. Quand, au contraire, les garanties que nous venons d'énumérer viennent à manquer ; quand, pour savoir la vérité sur les affaires qui leur importent le plus, les sujets d'une monarchie absolue sont réduits à s'en rapporter aux rares paroles qui tombent parfois du trône ou qui s'échappent de la bouche des délégués officiels de l'autorité souveraine, ne serait-il pas désirable qu'ils ne pussent jamais se méprendre sur de si augustes paroles ? Malheureusement, cette sécurité ne leur est même pas permise. Qu'on veuille bien, en effet, se rappeler ce qui s'est passé à propos des affaires d'Italie.


IV


Les bruits de guerre avec l'Autriche ont commencé à circuler, l'année dernière, à pareille époque, après la visite de M. de Cavour à Plombières. Toutes les personnes bien informées savent que, depuis ce moment, le ministre du roi Victor-Emmanuel n'a pas cessé d'annoncer qu'un puissant effort serait prochainement tenté, en commun par la France et par le Piémont, pour chasser les Autrichiens de la Lombardie. M. de Cavour savait l'Empereur porté à tenter l'entreprise ; il était décidé lui-même à jouer toute sa fortune sur cette carte. « *Au printemps prochain*, disait-il, en passant en Suisse, à l'un de ses amis, *je vous offrirai à déjeuner à Milan, ou vous me donnerez à dîner à Genève.* »

Toutes les rumeurs belliqueuses qui agitaient la presse libre du Piémont firent alors irruption jusque dans nos journaux français. Un vague soupçon se répandit peu à peu, à Paris, que nos rapports avec le cabinet de Vienne devenaient assez tendus. Le branle une fois donné, presque tous les journaux, ceux-là surtout qui aiment à passer pour rendre, tant bien que mal, les opinions du pouvoir, commencèrent à parler aigrement de l'Autriche, et à énumérer chaque matin, avec complaisance, les torts de cette puissance à notre égard. Dieu sait qu'ils ne manquaient pas, et l'on s'en mit partout curieusement en quête. Il fut d'abord question de l'opposition qu'elle faisait à notre politique dans les provinces danubiennes. On lui reprocha de mettre obstacle, par l'occupation de Bologne et d'Ancône, aux réformes, qu'à notre instigation, le pape était tout prêt à concéder aux habitants des Légations. Les traités passés avec les petits princes italiens, voisins de ses possessions milanaises, furent ensuite mis sur le tapis. Mais, chose singulière ! soit qu'elles n'y trouvassent rien à redire, soit qu'elles se sentissent gênées par l'approbation naguère donnée, chez nous, aux mesures d'exil et aux lois de sûreté générale, les feuilles amies du gouvernement qui ouvrirent le feu contre l'Autriche oublièrent tout à fait, dans le premier moment, de lui reprocher la dureté de son administration en Lombardie. Il ne fut question de ce grief qu'à la longue et beaucoup plus tard. Dans leurs plus violentes diatribes contre le cabinet de Vienne, les journalistes, qui se croyaient habiles et qui ne furent qu'imprévoyants, eurent toujours soin de glisser, au début, quelques mots sur l'inviolabilité des droits territoriaux qui résultait pour cette puissance de la teneur même des traités. Cependant l'opinion publique était sur la voie ; le véritable état des choses ne pouvait manquer de bientôt apparaître ; il était probable que le pays allait voir clair dans la nature de nos rapports avec l'Autriche. Ce fut alors que le gouvernement fit insérer, dans le *Moniteur* du 4 décembre, la déclaration que voici : *Une polémique, soutenue avec une persistance regrettable par différents journaux de Paris, semble avoir causé une inquiétude que nos relations avec les puissances étrangères ne justifient à aucun degré. Le gouvernement de l'Empereur croit de son devoir de prémunir l'opinion publique contre les effets d'une discussion qui serait de nature à altérer nos rapports avec une puissance alliée de la France.* (*Moniteur* du 4 décembre.)

Cette note du *Moniteur* avait peut-être rassuré le gros du public ; mais elle n'avait pas rendu une complète sécurité aux hommes d'affaires, particulièrement à ceux que l'étendue de leurs opérations mettait nécessairement en rapport avec les pays étrangers. On était à la fin de l'année ; les compagnies de chemins de fer venaient d'être invitées, suivant l'usage, à établir leur budget pour 1859. A cet effet, leurs représentants eurent, pendant le cours du mois de décembre, plusieurs conférences avec les ministres des travaux publics et des finances. Sous l'empire des préoccupations qui les agitaient, ces hommes, placés à la tête de l'industrie, et qui ont la plus grande expérience des affaires, ne manquèrent point d'exposer aux deux ministres qu'il y aurait pour leurs compagnies un véritable dommage, si après avoir donné à leurs travaux toute l'impulsion que comporte l'état de paix, ils se trouvaient plus tard embarrassés pour réaliser, pendant la guerre, les voies et moyens dont ils auraient besoin. En réponse à ces craintes, nombre de fois exprimées, les deux ministres déclarèrent, dans les termes les plus formels, que de pareilles inquiétudes n'étaient nullement fondées; et, prenant sur eux de nier la probabilité d'une guerre prochaine, ils engagèrent les compagnies à donner, en toute confiance, à leurs travaux toute l'extension dont ils étaient susceptibles (1).

(1) C'est en raison de ces assurances si positives que les compagnies remirent au ministre des travaux publics leur budget dont l'ensemble exigeait l'émission de

Ces assurances furent encore solennellement renouve-
lées le 31 décembre, c'est-à-dire la veille même du jour
où l'allocution adressée par l'Empereur à l'ambassadeur
d'Autriche, lors de la réception des Tuileries, jeta la
France et l'Europe entière dans un trouble extrême.
Quelle perturbation il en résulta pour les affaires, quel
désarroi chez les industriels, et que de désastres accumu-
lés en peu de jours ! Tout le monde s'en souvient, les
faits sont avérés ; inutile d'insister. Disons seulement
qu'ils ont été fâcheux, et hâtons-nous d'ajouter qu'avec
le système représentatif ils auraient été tout simplement
impossibles.

Nous doutons également que des ministres constitutionnels eussent jamais mis dans la bouche du chef de
l'État s'adressant, lors de l'ouverture de la session, aux
corps politiques de son empire, la phrase qui dénonçait,
quelques jours plus tard à l'indignation publique,
« comme des défaillances intéressées, » (1) les alarmes
de ceux qui voyaient leur ruine dans une guerre prochaine. Il est encore moins probable que, s'il eût été
obligé de suivre l'avis de quelque conseiller responsable,
l'Empereur, en quittant la France pour aller prendre le commandement de son armée, eût jamais parlé,
comme il l'a fait, « *de ces hommes incorrigibles des
anciens partis, toujours prêts à pactiser avec les en-
nemis.* » Il lui aurait été rappelé que, s'il y a d'anciens
partis en France (comment n'y en aurait-il pas dans un
pays qui change si souvent ses gouvernements), ces partis, quand la guerre est déclarée, quand l'honneur national est en jeu, sont unanimes, pour souhaiter, avant
tout, le triomphe de nos soldats ; que, dans les rangs de
cette vaillante armée, qui allait si glorieusement combattre l'étranger, les officiers, comptant plus de sept ans de

330 à 350 millions. Plus tard, au mois de juin dernier,
ces mêmes compagnies ont été invitées à réviser leur
budget, qui a été ramené, par suite de la guerre, au chif-
fre de 200 millions.

(1) Discours de l'Empereur à l'ouverture du Corps législatif. (*Moniteur* du 7 février 1859.)

service, ont tous été autrefois légitimistes, orléanistes ou républicains; et qu'ils sont assez fiers pour n'aimer pas voir attribuer d'indignes sentiments aux amis des gouvernements qu'ils ont servis. Quelle est chez nous la famille qui n'a pas un de ses membres resté pieusement attaché, au fond de son cœur, à l'une de ces causes déchues, et quelle est celle aussi qui n'a pas eu quelqu'un des siens exposé, blessé ou tué sur ces terribles champs de bataille de la Crimée et de l'Italie? Il eût donc été plus sage et plus juste de laisser là des récriminations qui n'atteignent personne en France, parce qu'elles atteindraient tout le monde. Que dire si la malveillance les eût alors appliquées à de malheureux princes exilés! Il faut avouer que l'injustice eût été grande, alors que M. le comte de Chambord, rompant avec les habitudes de toute sa vie, s'éloignait à la hâte du pays qui allait entrer en guerre contre la France; et à l'heure précise où, dans sa jeune ardeur, le frère de M. le comte de Paris s'enrôlait à dix-huit ans, sous le drapeau de la Sardaigne, afin d'avoir, au moins, le plaisir de combattre en Italie, côte à côte avec des soldats français. Mais laissons tomber des reproches qui n'ont pas besoin d'être réfutés. Passons vite, non sans lui payer un juste tribut de joyeuse admiration, sur cette incomparable campagne de deux mois, pendant laquelle notre armée s'est élancée de victoire en victoire, des bords du Tanaro jusqu'aux rives du Mincio, à travers les glorieux champs de bataille de Montebello, de Palestro, de Magenta et de Solférino; et dépêchons-nous d'arriver à ce qui termine toute guerre, les plus longues comme les plus rapides, au traité signé entre les combattants, et apprécions un peu le traité de Villafranca.

V

Les préliminaires de paix signés à Villafranca ne nous sont encore officiellement connus que par le résumé télégraphique publié par le *Moniteur;* mais les journaux allemands nous ont fourni un texte dont lord John Russell a, dans les chambres des communes, reconnu l'exac-

titude. Ce texte n'a point été démenti par le gouvernement français ; et la proclamation de l'Empereur à ses
soldats (1), les explications qu'il a éprouvé le besoin de
donner lui-même aux grands corps de l'Etat (2), attes-
tent suffisamment qu'il ne s'éloigne pas beaucoup de la
vérité. Voyons donc les bases de l'arrangement de Villa-
frança ; ces bases sont les suivantes :

« *L'empereur d'Autriche cède ses droits à la Lombardie à l'empereur des Français qui les remet au roi
de Sardaigne. Une confédération italienne sera for-
més sous la présidence honoraire du pape. L'empereur
d'Autriche conserve la Vénétie, mais elle fait partie
intégrante de la confédération italienne. Les princes
restés en dehors du mouvement ou rappelés dans leurs
possessions devront comprendre la nécessité des réformes salutaires; il y aura une amnistie générale.* »

Certes, nous voici loin des promesses magnifiques qui
avaient inauguré la campagne et suivant lesquelles il
fallait que *l'Italie fût libre jusqu'à l'Adriatique* (3).
Avant même que l'Empereur eût parlé, nous avions,
pour notre compte, facilement deviné que cette paix
n'était point celle qu'il avait naguère rêvée en quittant
les Tuileries. Si nous avions été au nombre des person-
nages considérables qui ont eu l'honneur de féliciter
l'Empereur à son retour, nous nous serions prudemment
gardé de mêler à nos harangues ces accents de triomphe
et d'allégresse qui ont fait un si singulier contraste avec
le ton de franchise, et la teinte un peu triste de la réponse
impériale. L'Empereur n'a point dissimulé à ses auditeurs
« *combien il lui en avait coûté de mettre un frein à l'ardeur de ses soldats; d'être obligé de retrancher devant
l'Europe une partie de son programme, et de voir se dé-
truire dans des cœurs honnêtes tant de nobles illusions* (4)... » Mais sous les murs de Vérone, il s'était

(1) *Moniteur* du 14 juillet 1859.

(2) *Moniteur du 20 juillet* 1859.

(3) Proclamation de l'Empereur, *Moniteur* du 3 mai
1859.

(4) *Moniteur* du 20 juillet 1859.

aperçu « *que la lutte allait inévitablement changer de nature, tant sous le rapport militaire que sous le rapport politique. Il était fatalement obligé d'attaquer de front un ennemi retranché derrière des forteresses inexpugnables... en face de l'Europe en armes, prête soit à disputer nos succès, soit à aggraver nos revers... Il fallait se résoudre à briser hardiment les entraves opposées par les territoires neutres, et accepter la lutte sur le Rhin comme sur l'Adige... il fallait se fortifier partout, franchement, du concours de la révolution; il fallait, enfin, répandre un sang précieux, qui n'avait que trop coulé déjà.* » Voilà pourquoi l'Empereur s'est arrêté, « *ne voulant pas risquer ce qu'il* » *n'est permis à un souverain de mettre en jeu que* » *pour l'indépendance de son pays* (1). »

Quand le chef d'un vaste empire, qui commande à des troupes innombrables, qui est affranchi de tout contrôle, et ne doit compte de rien à personne, se croit obligé d'expliquer « *quels ont été les mobiles de sa conduite,* » il pousse sans doute la générosité jusqu'à ne pas trouver mauvais, si l'on ne tombe pas entièrement d'accord sur la justesse de toutes ses appréciations. Qu'il nous soit donc permis d'en discuter respectueusement quelques-unes. Mais d'abord, nous éprouvons, il faut l'avouer, un assez singulier embarras. Ce n'est pas seulement à Paris que l'arrangement conclu inopinément à Villafranca a causé une certaine surprise ; l'Empereur d'Autriche a, comme l'Empereur des Français, senti la nécessité d'édifier ses sujets sur le compte de ce traité qui ne peut, à ce qu'il paraît, se passer nulle part de commentaires. Malheureusement, les commentaires des deux Empereurs ne concordent pas : ils sont même absolument opposés. Tandis que l'Empereur des Français nous affirme qu'il a dû cesser la guerre parce que les puissances restées neutres allaient prendre parti contre nous, l'Empereur d'Autriche apprend à ses peuples qu'il lui a fallu céder l'une de ses provinces, parce que ses alliés naturels, c'est-à-dire ces mêmes puissances neutres, avaient refusé de le défendre, et qu'elles se proposaient

(1) *Moniteur* du 20 juillet 1859.

même de lui imposer des conditions plus dures que celles qu'il a obtenues de son généreux ennemi. La contradiction est flagrante. A qui donner raison? A Vienne, on est tenu de penser que l'Empereur d'Autriche était bien informé. Pour nous, naturellement, c'est l'Empereur des Français qui a le mieux jugé la situation. Dans les pays étrangers, des esprits fâcheux inclineront peut-être à penser que les deux Empereurs se sont tous deux en partie trompés. Pour l'Empereur d'Autriche, cela est certain; le doute n'est plus possible depuis que M. Disraeli a tiré de lord Palmerston l'histoire d'un certain petit morceau de papier (*a small bit of paper*) remis, un beau matin, par M. de Persigny à lord John Russell, et que lord John a transmis aussitôt à Vienne.

Ainsi que le principal ministre de la reine d'Angleterre a pris la peine de l'expliquer au parlement, ce petit papier contenait la liste des conditions auxquelles la France était alors disposée à cesser les hostilités et à traiter avec l'Autriche. La méprise, d'ailleurs assez naturelle, de l'empereur François-Joseph, serait donc venue de ce que recevant, par l'intermédiaire de l'ambassade d'Angleterre, une pièce qui stipulait des propositions d'arrangements territoriaux parfaitement conformes à ceux qu'avait naguères recommandés le ministre des affaires étrangères de Sa Majesté Britannique, quand il n'était encore que membre de l'opposition, il en avait conclu que lesdites propositions ne lui répugnaient point et qu'elles avaient reçu son aveu.

S'imaginer qu'en acceptant d'être le porteur des commissions du gouvernement français, lord John Russell prenait, en effet, un intérêt quelconque à leur succès, telle a été, au dire de lord Palmerston, l'erreur grossière où est tombée la cour de Vienne. Les propositions consignées sur le fameux petit morceau de papier et qui formaient, à ce qu'il paraît, le premier programme de notre politique, étaient d'ailleurs fort modérées, plus justes, plus sensées et de beaucoup préférables à celles dont nous nous sommes, plus tard, contentés à Villafranca : l'Italie, rendue à elle-même, devait former une confédération ; le Piémont devait avoir la Lombardie, les forteresses comprises, et une partie des duchés ; Venise et

Modène étaient destinés à constituer, sous un archiduc, un Etat indépendant ; la duchesse de Parme devait avoir la Toscane; et les légations, munies d'une administration laïque, formaient, sous la suzeraineté du pape, une vice-royauté distincte du reste des Etats de l'Eglise.

Qu'il nous soit permis de regretter profondément cette combinaison primitive, aujourd'hui défigurée par les arrangements de Villafranca. Non pas que nous nous plaignions, et tant s'en faut, que l'Empereur ait voulu arrêter sur les bords du Mincio son armée victorieuse. Ces illusions honnêtes dont a parlé le *Moniteur*, nous avons eu moins de peine que d'autres à y renoncer ; car, hélas! nous ne les avions point partagées. Ce n'est pas nous qui avions oublié qu'il y avait entre Milan et Venise des forteresses inexpugnables qui exigeaient des siéges longs et pénibles. Ce n'est pas nous qui nous étions trompés sur les dispositions véritables de l'Allemagne. Ce n'est pas nous qui ignorions que, pour chasser entièrement les Autrichiens de l'Italie, il nous faudrait combattre sur le Rhin en même temps que sur l'Adige. A nous, autant qu'à qui que ce soit, il déplairait de voir la France réduite à rechercher partout, soit franchement, soit même secrètement, le concours de la révolution; si, par rechercher le concours de la révolution il faut entendre lâcher la digue aux entraînements populaires, ou seulement ameuter contre leurs gouvernements des malheureux patriotes exaltés, dont on se sert pendant un temps, et qu'on livre ensuite, avec ou sans amnistie, quand ils ont cessé d'être utiles.

Le sort de l'Italie ne nous a jamais été indifférent ; nous avons toujours éprouvé pour la Sardaigne et pour les populations courbées sous le joug écrasant de l'Autriche une sérieuse sympathie ; mais, à aucune époque, nous n'avons pensé que la guerre portée de l'autre côté des Alpes pût servir d'une manière utile la cause libérale en Italie. Nous n'avons point cessé d'appréhender que, si pareille entreprise était tentée, elle aboutirait forcément à une triste déception. La paix de Villafranca n'est donc pas mal venue, à nos yeux. Elle a pour nous le mérite d'avoir, entre deux fâcheuses alternatives, épargné du moins à la France la plus redoutable. Il ne nous répugne pas qu'un accord ait été signé entre les deux Empereurs ; ce sont les conditions de cet accord qui nous attristent. Puisque, de part et d'autre, on était fatigué de la guerre, quoi de plus simple que de la finir ? Mais pour finir la guerre, il ne suffit pas de déposer les armes, il faut du même coup fonder la paix. Nous craignons beaucoup, pour notre compte, que la paix, une paix sérieuse et durable, ne soit pas, dès à présent, fondée par cette entrevue de François-Joseph et de Napoléon III. Les clauses arrêtées à la hâte dans la mauvaise auberge de Villafranca ne valent pas celles qu'à tête reposée M. de Persigny avait déposées sur le petit morceau de papier prématurément remis à lord John Russel. Les dernières conditions sont les moins bonnes, non pas seulement parce qu'elles sont moins avantageuses pour nous, mais parce qu'elles sont incomplètes en elles-mêmes, et parce qu'il y en a plusieurs d'inexécutables.

Pour être apprécié à sa juste valeur, tout traité de paix doit être considéré à deux points de vue fort différents. Il faut se rendre compte de la satisfaction personnelle, plus ou moins grande, qu'il donne aux parties contractantes, et de la façon plus ou moins heureuse dont il règle les questions qu'il a pour but de résoudre. Il n'y a de transactions diplomatiques restées fameuses dans le souvenir des hommes, que celles qui ont concilié d'une façon pratique, avec les intérêts particuliers nés de certaines circonstances accidentelles, d'autres convenances plus générales, en donnant ainsi aux difficultés passagères du jour une solution définitive et conforme à la nature même des choses. Tout le monde n'a pas le don de découvrir ces heureuses solutions. Ceux qui les trouvent sont d'habiles politiques, de véritables grands hommes, et l'histoire leur garde une éternelle reconnaissance.

L'arrangement signé à Villafranca ne paraît pas, jusqu'à présent du moins, avoir conquis cet assentiment unanime qui aurait été si propre à rassurer les esprits sur sa durée. Nous avons entendu presque tout le monde déplorer amèrement que Venise n'ait pas eu le sort de Milan. La patrie de Manin avait, plus qu'aucune ville d'Italie, le droit de compter sur les sympathies des libéraux de France. Autant que personne, nous souffrons de voir Venise restée aux mains des Autrichiens. Mais la paix s'étant faite dans les conditions de guerre que chacun sait, il est trop évident que sa délivrance n'était pas possible. Tandis que notre armée victorieuse occupait la capitale de la Lombardie, notre flotte attardée ne faisait que d'arriver devant la ville des doges. Comment l'Empereur des Français aurait-il pu raisonnablement demander la cession d'une contrée qu'il n'avait point conquise, et l'Empereur d'Autriche honnêtement renoncer à la possession d'une province qu'il n'avait point perdue? Nos regrets portent sur un autre point, et nos plaintes seront d'autre nature. Puisque la Lombardie était le fruit naturel et facilement concédé de nos brillantes victoires; puisque le vainqueur de Magenta et de Solferino était décidé à se faire livrer la Lombardie par son ennemi, afin de la remettre lui-même aussitôt à son allié, nous eussions souhaité qu'il eût réussi à l'obtenir tout entière avec les forteresses de Peschiera et de Mantoue, qui sont ses places de défense naturelles et des forteresses indispensables à sa sûreté.

Donner une maison à quelqu'un et en laisser les clefs à un autre, c'est la plus singulière des combinaisons. Peschiera et Mantoue ont toujours fait partie de la Lombardie. Le Mantouan a été réuni au Milanais en 1704, après l'extinction de la maison de Gonzague ; et depuis cette époque, il n'en a jamais été disjoint. Lorsqu'il signa le traité de Campo-Formio, qui cédait la Vénétie à la cour de Vienne, le général Bonaparte eut grand soin de faire attribuer Peschiera et Mantoue à la République cisalpine. Plus tard, le premier consul refusa de ratifier la suspension d'armes conclue à Trévise par Brune, parce que ce général ne s'était point fait remettre la citadelle de Mantoue. Le sort de ces deux places fut remis sur le tapis à Presbourg. L'Autriche insista beaucoup et longtemps pour les garder ; mais jamais Napoléon n'y voulut consentir. Non-seulement il garda ces deux citadelles, mais il exigea la ligne de l'Adige pour limites à la Lombardie. Les fortifications de Peschiera et de Mantoue étaient bien loin cependant d'avoir alors l'importance que de nouveaux travaux leur ont donnée aujourd'hui. On ne saurait d'ailleurs oublier que du quadrilatère formé par Vérone, Legnago, Mantoue et Peschiera, Radetzky s'est élancé d'un seul bond, il y a dix ans, pour reprendre Milan et pour conduire en quelques semaines ses troupes jusqu'aux portes de Turin. Vérone et Legnago aux mains de l'Autriche, si le Piémont ne possède ni Mantoue, ni Peschiera, il ne possède pas, à vrai dire, la Lombardie ; et la paix signée à Villafranca n'est qu'une paix éphémère.

Allons plus loin. Est-il bien sûr qu'une paix quelconque sorte des préliminaires de Villafranca ? Les hostilités ont cessé entre les Français et les Autrichiens ; d'accord. Mais comment les princes italiens qui ont quitté leurs États vont-ils maintenant y rentrer ? Les habitants des duchés ne paraissent point pressés de les rappeler. Qui donc prêtera main-forte au duc de Toscane pour reprendre possession de Florence, au duc de Modène pour remettre son peuple à la raison, et au Pape pour se faire obéir des légations ? Qui se chargera de faciliter à la duchesse de Parme (la moins compromise parmi ces petits souverains) le retour au milieu de ses inconstants sujets ? Sera-ce le Piémont ?

Mais c'est le Piémont lui-même qui a été l'instigateur des mouvements insurrectionnels ; et l'on sait qu'il n'aspire qu'à s'adjoindre toutes ces populations, qui se déclarent, de leur côté, toutes disposées à se donner à lui. Sera-ce l'armée française ?... Ce n'était point dans ce but, on en conviendra, que son chef lui faisait, il y a trois mois, franchir précipitamment les Alpes ; et l'on a peine, en vérité, à se figurer nos soldats, tout à l'heure les compagnons d'armes d'Ulloa et de Garibaldi, employés, sitôt après, à replacer par la force des baïonnettes, sur son trône de Modène, le petit tyranneau qu'ils ont eu devant eux à Solferino. Faudra-t-il donc avoir recours aux Autrichiens ? Mais, c'est justement pour empêcher les Autrichiens d'intervenir dans les duchés que la guerre a été entreprise. Nous marchons d'impossibilités en impossibilités. Mais, de toutes les impossibilités, la plus grande, c'est, à coup sûr, la formation, dans les circonstances présentes, d'une confédération italienne sur les bases indiquées dans l'arrangement de Villafranca.

2.

Loin de nous de vouloir affirmer qu'une fédération ne soit pas, en principe, l'une des combinaisons qui pourront, dans un avenir plus ou moins prochain, s'appliquer heureusement à l'Italie. Mais, pour joindre ensemble, par un lien fédératif, des Etats jusqu'a présent indépendants les uns des autres, le bon sens indique qu'il faut certaines conditions préalables. Si, par exemple, les souverains et les peuples de l'Italie avaient, dans le passé, lutté ensemble pour chasser les Autrichiens hors de l'Italie, je comprendrais, entre ces souverains et ces peuples, une fédération, qui aurait surtout pour but d'unir leurs forces contre le commun ennemi. C'est ainsi que s'est constituée la confédération helvétique, organisée pour résister à l'ambition des Hapsbourg, et qui a si parfaitement et si glorieusement, comme chacun sait, suffi seule à sa tâche. Ou bien encore, autre hypothèse, si la lutte entamée, et l'Autriche n'ayant été ni tout à fait victorieuse, ni tout à fait vaincue, il se rencontrait en Italie une autre puissance capable de faire contrepoids à la cour de Vienne, soit par sa force propre, soit par le nombre des petits Etats ralliés à sa cause, j'admettrais encore la convenance d'une pareille fédération, qui reposerait sur une sorte d'équilibre entre les Etats fédérés. La diète germanique s'est ainsi peu à peu et laborieusement établie pour balancer, en Allemagne, les prétentions rivales des protestants et des catholiques, comme aujourd'hui elle essaye encore de contenir, tant bien que mal, les jalousies réciproques de la Prusse et de l'Autriche. Une récente expérience tendrait à prouver que de pareilles fédérations sont, par elles-mêmes, assez impuissantes. Rien ne démontre, toutefois, qu'elles soient insuffisantes pour un rôle purement défensif, qui sera, pour longtemps encore, celui de l'Italie. Mais où est, en Italie, la puissance capable de faire tête à l'Autriche? Ce n'est pas le Piémont. Le Piémont, augmenté du Milanais, mais privé des places qui, seules, peuvent protéger sa frontière, n'est pas un rival pour la cour de Vienne. Au sein de la fédération rapidement ébauchée dans l'entrevue de Villafranca, l'Autriche exercera donc une action démesurément prépondérante, non-seulement à cause de sa grandeur propre, mais aussi par suite de son influence toute-puissante sur les gouvernements des États ses confédérés. Telle est, en effet, de nos jours, la situation anormale de la Péninsule que, si, partout ou à peu près, les populations sont favorables au Piémont, presque tous les souverains sont attachés par des liens de famille à la dynastie autrichienne; ou sont, par intérêt de parti et par nécessité de situation, rivés à sa politique. Le roi de Naples fera-t-il partie de la confédération? Nous doutons qu'elle en marche mieux. Le Pape en acceptera-t-il la présidence pour se trouver face à face, comme l'a remarqué lord Palmerston, avec le roi Victor-Emmanuel, qui lui a enlevé partie de son domaine temporel, et qu'à la suite de ce méfait, il vient, tout récemment, d'excommunier? Qu'est-ce donc, au juste, que cette présidence honoraire de Sa Sainteté ? Ce n'est rien, ou c'est, par exemple, le droit de représenter officiellement la confédération italienne vis-à-vis des puissances étrangères, joint à celui de faire, pour elle, et la paix et la guerre.

Pie IX sera donc le représentant de l'Italie auprès des pays protestants, et en particulier de la Grande-Bretagne. Mais si nous ne nous trompons, il y avait autrefois un bill du parlement qui déclarait crime de haute trahison tout rapport qu'un ministre de Sa Majesté la reine aurait, sous quelque prétexte que ce fût, osé entretenir avec celui que la législation anglaise du temps appelait alors couramment l'Antechrist. Peut-être ce bill a-t-il été rapporté. En tous cas, lord Palmerston, qui a déjà essayé une fois (il est vrai, sans y réussir) de changer, pour notre convenance, les anciennes lois de son pays, pourrait sans grand dommage faire abroger celle-ci ; nous ne prévoyons pas que de sa part il vienne jamais aucun obstacle. Mais, qui sait? le Pape sera peut-être plus difficile sur cette présidence honoraire que ne paraît vouloir l'être le principal ministre de Sa Majesté Britannique. Nous nous rappelons qu'à propos des hostilités dans lesquelles on cherchait à l'entraîner contre l'Autriche en 1849, Pie IX a hautement déclaré qu'en sa qualité *de Père commun des fidèles, il ne pouvait déclarer la guerre à aucun prince chrétien.* Ce sont là de nobles paroles, sur lesquelles il ne voudra sans doute pas revenir.

Mais considérons maintenant le projet de confédération italienne au point de vue de nos intérêts purement français.

C'est ici qu'éclatent tous les inconvénients de la convention dont les bases ont été arrêtées à Villafranca. En donnant à l'Autriche la faculté d'entrer, comme souverain de la Vénétie, dans la confédération italienne, l'Empereur lui a, d'un seul trait de plume, concédé plus de puissance qu'il ne lui en a ôté, en lui enlevant la Lombardie. Ce qui avait jusqu'à présent manqué à la cour de Vienne pour se mêler, à l'exclusion des autres puissances, des affaires d'Italie, et pour y asseoir sa domination absolue, c'était un titre en règle, et un droit particulier. — Elle les possède tous deux aujourd'hui. Pour suppléer à ce titre qui lui faisait défaut, et à ce droit particulier qu'on ne lui avait pas reconnu jusqu'à présent, elle avait imaginé de créer, à son profit, des cas d'intervention, par les traités qu'elle avait passés avec les petits souverains de l'Italie. Mais ces traités ne liaient envers elle que ces petits souverains. Elle n'avait de droit acquis qu'à leur égard ; la France n'avait contracté aucun engagement qui pût, le cas échéant, gêner sa liberté d'action. Elle restait maîtresse de ses décisions. Parfois, si l'intervention de l'Autriche lui paraissait suffisamment motivée, le gouvernement français la tolérait. C'est ce qui est arrivé, sous la restauration, en 1820, pour les royaumes de Piémont et de Naples. Plus souvent, comme en 1833 et 1849, elle prenait ses précautions ; et à l'occupation de Ferrare et de Bologne, elle opposait l'occupation d'Ancône ou celle de Rome. Après la signature des préliminaires de Villafranca, nous nous trouvons, au contraire, définitivement dépossédés, par un traité formel, de notre ancien rôle en Italie.

Ce n'est pas tout. En devenant membre de la confédération italienne, l'Autriche ne cesse pas de faire partie de la confédération germanique. Quelle situation ! Aux plus brillants instants de sa plus éclatante fortune, quand elle excitait la prévoyante jalousie des grands politiques français, Henri IV, Richelieu et Mazarin, jamais l'ambitieuse maison d'Autriche n'avait osé concevoir pareil espoir. Ce rêve fabuleux, les descendants des modestes ducs de Lorraine l'auront pourtant réalisé; ils auront exécuté, dans toute sa teneur, le testament politique de leur aïeul Charles V, le jour où ils pourront, sans sortir de chez eux, ou du moins de chez leurs confédérés, promener leurs vaisseaux et faire recevoir leurs marchandises, tantôt sous le pavillon allemand, tantôt sous le pavillon italien, depuis les bouches de l'Elbe et du Weser, jusque dans les ports de Naples et de la Sicile; et lorsqu'ils seront en droit d'envoyer leurs troupes garnisonner les frontières du Rhin depuis Coblentz jusqu'à Bâle, et le passage des Alpes depuis Culoz jusqu'à Nice.

Car, il ne faut pas se faire d'illusions : ou la confédération, dont l'esquisse a été tracée à Villafranca ne fonctionnera jamais, ou bien c'est une machine montée contre la France. Qu'on ne nous dise pas que le Piémont, notre allié actuel, ne le souffrira point. Qui peut garantir ce que seront, nous ne disons point par la suite des siècles, mais dans quelques années, les intérêts du Piémont? Déjà l'on peut entendre des feuilles qui s'inspirent volontiers de ce qu'elles supposent être les tendances du gouvernement, dénoncer hautement ce qu'elles appellent « *l'ingratitude de l'Italie.* » Il est puéril de compter sur la reconnaissance des nations, il est injuste de se plaindre de leur ingratitude. Les services qu'un peuple peut, à l'occasion, rendre à un autre peuple, ne sont jamais si complétement désintéressés que le bienfaiteur ait le droit de compter sur une bien longue reconnaissance.

Ce ne sauraient être là affaires de sentimentalité : et la Sardaigne n'a jamais mis beaucoup de son cœur dans ses diverses alliances. En doutez-vous ? Ouvrez l'histoire ; vous verrez que la maison de Savoie n'a guère cessé de se servir, tour à tour, de la France contre l'Autriche et de l'Autriche contre la France. Lisez les guerres du dix-septième et du dix-huitième siècles, vous la verrez passer incessamment d'un camp dans l'autre pour y chercher ses avantages du moment. Victor-Amédée III, quoiqu'il eût marié sa fille au petit-fils de Louis XIV, ne s'en est jamais fait faute ; Charles-Emmanuel a suivi l'exemple de son père, qui était de tradition dans la famille. Règle générale, quand la Sardaigne a commencé la guerre comme alliée de l'un des belligérants, elle l'a toujours terminée en combattant contre lui. Parfois, il est vrai, cela n'a pas eu lieu. C'est que la lutte a été longue, et qu'elle a eu le temps de changer deux fois de parti. Est-ce trop d'exigence que de demander qu'on n'oublie point ces leçons du passé ?

## VI

La tâche que nous nous étions proposée est maintenant, nous le croyons, à peu près accomplie. Nous avons, ce nous semble, démontré, par le simple exposé des faits, que notre pays a été conduit, sans le souhaiter et sans le savoir, à une guerre qui, au dire de l'Empereur lui-même, a failli un moment devenir générale. Cette glorieuse campagne d'Italie, si honorable pour nos vaillants soldats, n'a, de l'aveu du chef de l'Etat, produit qu'une paix imparfaite, dont les résultats ont en partie trompé son attente, et ne sont pas même, nous le craignons, aussi assurés ni aussi avantageux qu'il se l'imagine. Les puissances étrangères ont été, il est vrai, terrifiées par la présence de nos armes, et le courage incomparable de notre héroïque armée les a stupéfiées. Beaucoup de gens ne se sentent pas de joie et d'orgueil en songeant à l'effroi que nous inspirons à nos voisins. Mais ne vaut-il pas mieux inspirer la confiance que la terreur ? L'Empereur, nous le supposons, en juge ainsi, et c'est à ce manque de confiance qu'il faisait allusion lorsqu'il se plaignait tristement au corps diplomatique de l'injustice de l'Europe à son égard (1).

Si tous les faits que nous avons rapportés sont exacts (et nous ne croyons pas qu'il soit possible d'en contester un seul); si les réflexions qu'ils nous ont inspirées sont fondées (et nous ne pensons pas qu'on puisse les taxer d'injustice ou d'exagération), les con-

(1) *Moniteur* du 22 juillet 1859.

clusions qu'il faut en tirer sont évidentes. Nous oserons donc finir comme nous avons commencé, en nous adressant aux membres de nos conseils généraux, et nous supplierons ceux d'entre eux qui voudront bien jeter un coup d'œil sur ces pages de se demander si, avec une presse libre, qui eût été en mesure de discuter les actes du pouvoir, de surveiller ses tendances, d'en faire ressortir les conséquences, notre pays n'eût pas été plus tôt prévenu de l'imminence de la guerre, et, par suite, moins exposé aux crises fâcheuses qui ont ébranlé le crédit public. Nous les conjurons de considérer si des ministres responsables, expliquant leur politique devant les chambres, n'auraient pas, mieux que de simples articles du *Moniteur*, réussi à expliquer au public de France et d'Italie les difficultés de l'entreprise qu'on allait tenter, et s'ils n'eussent pas ainsi mieux préparé les esprits à se contenter des résultats possibles, sans se laisser aller, en France comme en Italie, à ces espérances excessives qui sont sujettes à se transformer tout à coup en déboires peut-être exagérés. Qu'ils consultent leur conscience, et qu'ils disent si le repos de l'Europe et le bien-être de la France ne seraient pas mieux garantis par les décisions mûrement délibérées au sein d'un parlement national, que par celles qui dépendent de la volonté d'un seul homme. Les puissances étrangères ne seraient-elles pas alors moins ombrageuses, et ne seraient-elles pas plus confiantes dans les desseins de la France? J'entends que l'on me crie que j'ai l'esprit chagrin et que mes pronostics sont trop sombres. La conférence de Zurich n'est pas, me fait-on observer, encore terminée. Elle amendera peut-être, les préliminaires de Villafranca. Personne ne le souhaite autant que moi. Quand le gouvernement de mon pays fait la guerre, ou quand il négocie avec l'étranger, je suis toujours du parti de mon gouvernement. Honte et malheur à qui ne souhaiterait pas son succès! Après la conférence de Zurich, viendra, ajoute-t-on, le congrès européen; le congrès européen décidera l'Autriche à mettre un archiduc dans la Vénétie. Plaise au ciel qu'il en soit ainsi! les princes italiens donneront, pour remonter sur leurs trônes, des constitutions libérales à leurs peuples, ou ces peuples les imposeront aux souverains nouveaux qu'ils se seront choisis. Dieu vous entende ! Mais alors, en vérité, quand l'Europe presque entière jouira du gouvernement représentatif, est-ce que les temps ne seront pas proches pour la France? Et nous qui, en deux heureuses campagnes, aurons, depuis 1852, affranchi tant de nations au prix de notre or et de notre sang, nous qui aurons successivement délivré la Roumanie du joug des Turcs et l'Italie de la domination autrichienne, notre tour ne sera-t-il pas venu? les conseillers généraux de nos départements ne seront-ils pas en droit d'exprimer le vœu que leurs concitoyens soient libres enfin, libres comme les Moldo-Valaques, libres comme les sujets du pape, et comme ceux de monseigneur le duc de Modène?

COMTE D'HAUSSONVILLE.

PARIS, IMP. DE DUBUISSON ET Cᵉ, RUE COQ-HÉRON, 5.